LE ROI EST MORT :

VIVE LE ROI!

LE NORMANT FILS, IMPRIMEUR DU ROI,
rue de Seine, n° 8, faubourg Saint-Germain.

LE ROI EST MORT:

VIVE LE ROI!

PAR

M. le Vicomte De Chateaubriand,

PAIR DE FRANCE.

A PARIS,

CHEZ LE NORMANT PERE, LIBRAIRE,

RUE DE SEINE, N° 8, F. S. G.

1824.

LE ROI EST MORT:

VIVE LE ROI!

Le Roi est mort!... Jour d'épouvante où ce cri fut entendu, il y a trente ans, pour la dernière fois dans Paris! Le Roi est mort! La monarchie va-t-elle se dissoudre? La colère céleste s'est-elle déployée de nouveau sur la France? Où fuir? où se cacher devant la terreur et l'anarchie? Pleurez, Français! vous avez perdu le Roi qui vous a sauvés, le Roi qui vous a rendu la paix, le Roi qui vous a faits libres; mais ne tremblez point pour votre destinée ; le Roi est mort, mais le Roi est vivant ; LE ROI EST MORT : VIVE LE ROI ! C'est le cri de la vieille monarchie, c'est aussi le cri de la monarchie nouvelle.

Un double principe politique est renfermé dans cette acclamation de la douleur et de la joie : l'hérédité de la famille souveraine, l'immortalité de l'Etat. C'est à la loi salique que nous devons, comme nation, une existence dont la durée n'a point d'exemple dans les annales du monde. Nos pères étoient si convaincus de l'excellence de cette loi, que, dans la crainte de la violer, ils ne reconnurent point immédiatement Philippe de Valois pour successeur de Charles le Bel. A la mort de celui-ci, la monarchie demeura sans monarque. La reine étoit grosse ; elle pouvoit porter ou ne pas porter le Roi dans son sein :

en attendant, on resta soumis à la légitimité inconnue, et le principe gouverna dans l'absence de l'homme.

Certes, il peut s'appeler immortel un Etat qui a vu le sang d'une même race passer de Robert le Fort à Charles X. « Quel royaume, dit un vieil écrivain » (qui sous Henri III défendoit les droits » d'Henri IV contre les prétentions des » Guise); quel royaume (1), monarchie » et république, est aujourd'hui ou a été » au monde, mieux orné, affermi et for- » tifié de plus belles polices, lois et ordon- » nances que la française? Où est-ce que » les autres ont une loi salique pour la suc- » cession du royaume? Quels Rois ailleurs

(1) *De la Noblesse, Ancienneté, etc. de la troisième Maison de France. Paris*, 1587.

» se voient et se sont vus mieux aimés,
» obéis et révérés? Néanmoins ils ont laissé
» régler et limiter leur puissance par les
» lois et ordonnances qu'eux-mêmes
» ont faites; ils se sont soumis sous la
» même raison que leur peuple, et ont,
» d'ancienne institution, réduit leurs vou-
» lans sous la civilité de la loi. Pour raison
» de quoi tout le peuple, avec une douce
» crainte, a été contraint de les aimer.

» Qui ont donc été les Rois au monde
» qui se soient plus acquis de gloire par la
» justice que les nôtres? Ils n'ont pas moins
» acquis à leur royaume l'honneur et la
» prééminence des bonnes lettres et des
» sciences libérales que des armes. Grand
» nombre d'hommes signalés en savoir et
» intelligence, sont sortis de cette école
» des lettres, et la France a provigné quant

» et quant d'excellens capitaines (outre » ceux du sang royal) par la discipline que » nos Rois y avoient établie, lesquels Rois » ont peuplé mêmement les nations étran- » gères d'hommes héroïques.

» Reste maintenant à exposer les autres » grâces, bénédictions et bonnes rencontres » d'heur particulières, dont il a plu à la » divine Providence orner la famille de » Hugues Capet par dessus tous les autres : » l'une est de l'avoir fait être la plus noble » et plus ancienne de toutes les races » royales qui sont aujourd'hui au monde ; » car à compter depuis le temps que Ro- » bert le Saxon, que nous prenons pour le » chef d'icelle, se voit connu par les his- » toires, elle a subsisté près de huit cents » ans, étant parvenue en la personne de » notre très-chrétien Roi Henri III, jus-

» qu'à la vingt-troisième génération de
» père en fils, si nous ne comptons point
» plus avant que ledit Robert.

» A ses premiers bon-heurs, s'en vient
» joindre un non moins remarquable que
» les précédens, qui est d'avoir produit
» plus de maisons et familles royales et
» donné plus grand nombre de Rois, em-
» pereurs, princes, ducs et comtes à divers
» royaumes et contrées.

» Toutes ces bonnes et belles remarques
» que nous avons proposées jusqu'à ici de
» nos Rois, semblent bien leur avoir ap-
» partenu en général; mais outre icelles
» chacun d'eux (du moins la plus grande
» partie) s'est encore si bien fait remar-
» quer en son particulier de certaines grâces
» et dons d'esprit, qu'elles leur ont acquis

» ces honorables surnoms, qui rendent en-
» core aujourd'hui leur mémoire illustre. »

Il augmentera la liste de ces illustres monarques, Louis le Désiré, de paternelle et pacifique mémoire, que la reconnoissance, les pleurs, les regrets de la France et de l'Europe accompagnent au tombeau. On peut dire de l'arbre de la lignée royale, né du sol de la France, ce que le poëte dit du chêne :

. . . . Immota manet; multosque nepotes,
Multa virum volvens durando sæcula, vincit.

Comme ce vieil écrivain dont la fidélité pressentoit Henri IV, l'auteur du présent écrit eut le bonheur, en 1814, au second avènement des Bourbons, d'annoncer le retour de Louis XVIII. Alors la France étoit envahie; nous étions accablés de malheurs, environnés de craintes et de périls. Rien n'étoit décidé; on se battoit sur divers points du royaume; on négocioit à Paris : Buonaparte habitoit encore le château de Fontainebleau, quand il lut l'histoire de ce Roi légitime (1) qui n'avoit point d'armée dans la coalition des Rois, mais qui étoit pour lui plus redoutable que ces monarques. Ce fut en effet la force de la légitimité qui précipita l'usurpation.

Le premier service que l'héritier des fleurs de lis rendit à sa patrie, fut de la dégager de l'invasion européenne. La capitale de la France n'avoit jamais été conquise sous la race légitime : Buonaparte avoit amené les étrangers dans Paris avec

(1) *De Buonaparte et des Bourbons.*

son épée ; Louis XVIII les en écarta avec son sceptre.

Un peuple encore tout ému, tout enivré de la gloire des armes, vit avec surprise un *vieux Français* exilé venir se placer naturellement à sa tête, comme un père qui, après une longue absence, rentre dans sa famille, ne supposant pas qu'on puisse lui contester son autorité. Louis XVIII n'étoit point étonné des grandeurs nouvelles, des miracles récens de la France ; il apportoit en compensation mille ans de nos antiques grandeurs, de nos anciens prodiges ; il ne craignoit point de compter avec le siècle et la nation, assez riche qu'il étoit pour payer son trône. On lui rendoit, il est vrai, le Louvre embelli, mais c'étoit sa maison ; Jean Goujon et Perrault l'avoient ornée par ordre de Henri II et de Louis XIV; Philippe-Auguste en avoit posé la première pierre et acheté le terrain : Louis XVIII pouvoit représenter le contrat d'acquisition (1).

Le Prince comprenoit son siècle, et étoit l'homme de son temps : avec des connoissances variées, une instruction rare, surtout en histoire, un esprit ap-

---

(1) *Philippus, Dei gratiâ, Francorum Rex, etc. noveritis, quòd nos pro* excambio terræ, *quam monachi Sancti Dionysii de Carcere* (Saint-Denis-de-la-Chartre ou de la Prison, dans l'historien de Saint-Denis *Carcere Glaucini*, aujourd'hui Glatigny) *habebant, ubi turris nostra de Louvre sita est, eisdem monachis*, assignamus, triginta solidos, annui redditus, etc. *Actum Parisiis, anno ab incarnatione Domini* 1214, *mense Augusti.*

Cette rente se payoit encore par le receveur du domaine au commencement de la révolution : quel beau titre de propriété! Ce titre étoit conservé au prieuré de Saint-Denis-de-la-Chartre.

plicable aux petites comme aux grandes affaires, une élocution facile et pleine de dignité, il convenoit au moment où il parut, et aux choses qu'il a faites. S'il est extraordinaire que Buonaparte ait pu façonner à son joug les hommes de la république, il n'est pas moins étonnant que Louis XVIII ait soumis à ses lois les hommes de l'empire, que la gloire, que les intérêts, que les passions, que les vanités mêmes se soient tus simultanément devant lui. On éprouvoit en sa présence un mélange de confiance et de respect : la bienveillance de son cœur se manifestoit dans sa parole, la grandeur de sa race dans son regard. Indulgent et généreux, il rassuroit ceux qui pouvoient avoir des torts à se reprocher ; toujours calme et raisonnable, on pouvoit tout lui dire : il savoit tout entendre. Pour les délits politiques, le pardon chez les Français lui sembloit moins sûr que l'oubli ; sorte de pardon dépouillé d'orgueil, qui guérit les plaies sans faire d'autres blessures. Les deux traits dominans de son caractère, étoient la modération et la noblesse : par l'une, il conçut qu'il falloit de nouvelles institutions à la France nouvelle ; par l'autre, il resta Roi dans le malheur, témoin sa belle réponse aux propositions de Buonaparte.

La partie active du règne de Louis XVIII a été courte, mais elle occupera une grande place dans l'histoire. On peut juger ce règne par une seule observation : il ne se perd point dans l'éclat que Napoléon a laissé sur ses traces. On demande ce que c'est que Charles II après Cromwell, Charles II, dont la restauration ne fut que celle des abus qui avoient perdu sa famille :

on ne demandera jamais ce que c'est que le sage qui a délivré la France des armées étrangères, après l'ambitieux qui les avoit attirées dans le cœur du royaume ; on ne demandera jamais ce que c'est que l'auteur de la Charte, le fondateur de la monarchie représentative, ce que c'est que le souverain qui a élevé la liberté sur les débris de la révolution, après le soldat qui avoit bâti le despotisme sur les mêmes ruines ; on ne demandera jamais ce que c'est que le Roi qui a payé les dettes de l'Etat et fondé le système de crédit, après les banqueroutes républicaines et impériales ; on ne demandera jamais ce que c'est que le monarque qui, trouvant une armée détruite, a recréé une armée ; le monarque qui, après des guerres glorieuses, mais longues et funestes, a mis fin en quelques mois, par un vaillant prince, à la prodigieuse expédition d'Espagne, tuant deux révolutions d'un seul coup, rétablissant deux Rois sur leur trône, replaçant la France à son rang militaire en Europe, et couronnant son ouvrage en nous assurant l'indépendance au dehors, après nous avoir donné la liberté au dedans.

Son règne s'agrandira encore en s'éloignant de nous : la postérité le regardera comme une nouvelle ère de la monarchie, comme l'époque où s'est résolu le problème de la révolution, où s'est opérée la fusion des principes, des hommes et des siècles, où tout ce qu'il y avoit de possible dans le passé, s'est mêlé à tout ce qu'il y avoit de possible dans le présent. De la considération des difficultés innombrables que Louis XVIII a dû rencontrer à l'exécution de ses desseins, naîtra pour lui dans l'avenir une admiration réfléchie. Et quand on observera que ce monarque, qui avoit tant souffert, n'a exercé ni réaction, ni vengeance, que ce monarque dépouillé de tout, a aboli la confiscation, qu'étant maître de ne rien accorder en rentrant en France, il nous a rendu des libertés pour des malheurs, nul doute que sa mémoire ne croisse en estime et en vénération chez les peuples.

Nous venons de le perdre ce Roi patient et juste. Pendant un hiver du Nord, obligé de fuir d'exil en exil avec le Fils et la Fille de nos Rois, ses pieds avoient été atteints par le froid rigoureux du climat : ses infirmités étoient encore en partie notre ouvrage, et au milieu de ses longues douleurs, il ne s'est jamais souvenu de ceux qui les avoient causées. On l'a vu au moment d'expirer opposer à des maux qui auroient abattu toute autre âme que la sienne, un calme qui sembloit imposer à la mort. Depuis long-temps il est donné au peuple le plus brave, d'avoir à sa tête les Princes qui meurent le mieux : par les exemples de l'histoire, on seroit autorisé à dire proverbialement, *mourir comme un Bourbon*, pour exprimer tout ce qu'un homme peut mettre de magnanimité dans sa dernière heure.

Louis XVIII n'a point démenti cette intrépidité de famille. Après avoir reçu le Saint-Viatique, au milieu de sa Cour, le Fils aîné de l'Eglise a béni d'une main défaillante, mais avec un front serein, ce frère encore appelé à un lit funèbre, ce neveu qu'il nommoit le fils de son choix, cette nièce deux fois orpheline, et cette veuve deux fois mère.

Cependant le peuple donnoit des signes non équivoques de sa douleur. Essentiellement monarchique et chrétien quand il est abandonné à lui-même, il environnoit le palais et remplissoit les églises; il recueilloit les moindres nouvelles avec avidité, lisoit, commentoit les bulletins, en y cherchant quelques lueurs d'espérances. Rien n'étoit touchant comme cette foule silencieuse qui parloit bas autour du château des Tuileries dans la crainte de troubler l'auguste malade : le Roi mourant étoit pour ainsi dire veillé et gardé par son peuple.

Souvent oubliée dans la prospérité, mais toujours invoquée dans l'infortune, la religion augmentoit le respect et l'attendrissement général par sa sollicitude et par ses prières. Elle faisoit entendre devant l'image du Dieu vivant ce cantique d'Ezéchias que le génie français a dérobé à l'inspiration des divines écritures (1), ce *Domine salvum fac Regem* que notre amour pour nos Rois a rendu si populaire. Des larmes coulèrent de tous les yeux, lorsqu'on vit passer les différens corps de la magistrature se rendant à pied à Notre-Dame, afin d'implorer le Ciel pour celui de qui toute justice émane en France. On remarquoit surtout à la tête de la première Cour du royaume, le vieillard illustre qui, après avoir défendu la vie de Louis XVI au tribunal des hommes, alloit demander celle de Louis XVIII à un juge qui n'a jamais condamné l'innocence.

Ce souverain juge, en appelant au lieu

---

(1) Le Roi admiroit particulièrement ce cantique et m'a souvent redit par cœur l'ode sublime de Rousseau.

de son repos notre Roi souffrant, fatigué et rassasié de jours, se préparoit à prononcer sur lui une sentence de délivrance et non de condamnation.

Un évanouissement survenu le 14 fit croire que le Roi avoit passé. Quand il reprit ses esprits, il parut sensible aux prières des agonisans que l'on récitoit au pied de sa couche. On lui amena les deux enfans de l'infortuné duc de Berry; il ne pouvoit plus les voir, il ne pouvoit plus même étendre sur eux sa main paternelle; mais on reconnoissoit au mouvement de ses lèvres que le vieux monarque mettoit sous la protection du Ciel un berceau qu'il ne pouvoit plus protéger.

Enfin il a quitté la vie, au milieu de sa famille en larmes, le jeudi 16 septembre, à quatre heures du matin, et il avoit annoncé qu'il mourroit ce jour-là : il avoit mesuré le degré de ses forces avec ce peu d'estime pour la vie, cette liberté de conscience, et ce sang-froid imperturbable qui ne permettent pas de se tromper. Bientôt il va descendre dans ces souterrains dont sa piété a commencé à repeupler les solitudes. Quand il arriva en France, il trouva le tombeau des Rois désert et leur trône vide : restaurateur de toutes les légitimités, il a rendu, dans un partage fraternel, le premier à Louis XVI, et il laisse le second à Charles X.

Français! celui qui vous annonça Louis le Désiré, qui vous fit entendre sa voix dans des jours d'orage, vous parle aujourd'hui de Charles X dans des circonstances bien différentes : il n'est plus obligé de vous dire quel est le Roi qui vous arrive, quels sont ses malheurs, ses vertus, ses droits au trône et à votre amour; il n'est plus obligé de vous raconter jusqu'à l'âge de ce Roi, de vous peindre sa personne, de vous apprendre combien il existe encore de membres de sa famille. Si la conscription ne dévore plus vos enfans; si l'on ne peut ni vous dépouiller, ni vous emprisonner arbitrairement; si vous êtes appelés à consentir l'impôt que vous donnez à l'Etat; si vous êtes, par la Charte, un des peuples le plus libre de la terre, vous savez à qui vous devez tous ces biens : rendez-en grâces à Louis XVIII et à Charles X.

Vous l'avez vu depuis dix ans ce sujet fidèle, ce frère respectueux, ce père tendre si affligé dans un de ses fils, si consolé par l'autre! vous le connoissez ce Bourbon qui vint le premier après nos malheurs, digne héraut de la vieille France, se jeter entre vous et l'Europe, une branche de lis à la main. Vos yeux s'arrêtent avec amour et complaisance sur ce Prince qui, dans la maturité de l'âge, a conservé le charme et la noble élégance de sa jeunesse, et qui, maintenant orné du diadème, n'est encore qu'*un Français de plus au milieu de vous.* Vous répétez avec émotion, tant de mots heureux échappés à ce nouveau monarque qui puise dans la loyauté de son cœur la grâce de bien dire.

Quel est celui d'entre nous qui ne lui confieroit sa vie, sa fortune, son honneur? Cet homme, que nous voudrions tous avoir pour ami, nous l'avons aujourd'hui pour Roi. Ah! tâchons de lui faire oublier les sacrifices de sa vie! Que la couronnpèse légèrement sur la tête blanchie de ce chevalier chrétien ! Pieux comme saint Louis, affable, compatissant, et justicier comme Louis XII, courtois comme François Ier, franc comme Henri IV, qu'il soit heureux de tout le bonheur qui lui a manqué pendant si longues années ! Que le trône, où tant de monarques ont rencontré des tempêtes, soit pour lui un lieu de repos ! Nous sentons combien, dans ce moment, il lui est pénible de monter les degrés de ce trône pour y occuper la place d'un frère : mais qu'il permette à des sujets qui respectent sa royale douleur, de chercher pourtant auprès de lui leur consolation et leurs plus chères espérances !

Saluons encore le Dauphin et la Dauphine ; noms qui lient le passé à l'avenir, en rappelant des souvenirs nobles et touchans, en désignant le propre fils et le successeur du monarque ; noms sous lesquels nous retrouvons le libérateur de l'Espagne et la Fille de Louis XVI ! *L'enfant de l'Europe*, le nouveau Henri, a fait aussi un pas vers le trône de son aïeul, et sa jeune mère le guide vers ce trône, où elle auroit pu monter !

Nous, sujets dévoués, pressons-nous aux pieds de notre bien-aimé Souverain ; reconnoissons en lui le modèle de l'honneur, le principe vivant de nos lois, l'âme de notre société monarchique ; bénissons une hérédité tutélaire, et que la légitimité enfante sans douleurs son nouveau Roi !

Que nos soldats élèvent sur leurs drapeaux le père du duc d'Angoulême ! Que l'Europe attentive, que les factions, s'il en existe encore, voient dans l'accord de tous les Français, dans l'union du peuple et de l'armée, le gage de notre force et de la paix du monde !

Dans l'histoire des Rois de France, de leurs couronnes et de leur maison, les fêtes de Reims se trouvent placées auprès des pompes de Saint-Denis. Ainsi, aux obsèques de Charles-le-Victorieux, tandis que deux serviteurs fidèles mouroient subitement de douleur au moment où le Grand-Maître de l'hôtel brisa son bâton, d'autres serviteurs, non moins attachés à la monarchie, préparoient déjà, dans le trésor du même Saint-Denis, les éperons d'or, les gantelets, la cotte d'armes, l'armet tymbré, la tunique fleurdélisée qui devoient servir au couronnement de Louis, père du peuple : graves enseignemens pour nos monarques, qui prennent sur un cercueil les attributs de la puissance.

Supplions humblement Charles X d'imiter ses aïeux : trente-deux souverains de la troisième race ont reçu l'onction royale, c'est-à-dire, tous les souverains de cette race, hormis Jean I, qui mourut quatre jours après sa naissance, Louis XVII et Louis XVIII qui furent visités de la Royauté, l'un dans la tour du Temple, l'autre dans la terre étrangère. Tous ces monarques ont été sacrés à Reims; Henri IV seul le fut à Chartres, où l'on trouve encore dans les comptes de la ville une dépense de 9 francs pour une pièce mise au pourpoint du Roi : c'étoit peut-être à l'endroit du coup d'épée que le Béarnais avoit reçu à la journée d'Aumale.

L'usage était que le Roi allât à Reims à cheval, à la tête de sa maison et de ses gardes. L'archevêque de Reims, premier pair ecclésiastique du royaume, faisoit les frais du sacre. Il représentoit par tradition un des quatre témoins du côté maternel, sur les douze témoins que le titre 58 de la loi salique exigeoit chez les Francs, dans toutes les actions civiles et criminelles.

Les paroles d'Aldabéron, archevêque de Reims, au sujet de la consécration de Hugues Capet, sont encore vraies aujourd'hui : « Le couronnement d'un Roi des » Français, dit-il, est un intérêt public et » non une affaire particulière : *publica* » *sunt hæc negotia, non privata* (1). » Que Charles X daigne peser ces mots qui

(1) Flodoard.

s'appliquoient à l'auteur de sa race; qu'en pleurant un frère il se souvienne qu'il est Roi. Les Chambres ou les Députés des Chambres qu'il peut appeler à Reims à sa suite, les magistrats qui grossiront son cortége, les soldats qui environneront sa personne, sentiront se fortifier en eux, par une imposante solennité, la foi religieuse et monarchique. Charles VII fit des chevaliers à son sacre; le premier Roi chrétien des Français, reçut au sien le baptême avec 4000 de ses compagnons d'armes; Charles X créera de même à son couronnement plus d'un chevalier pour la défense de la cause légitime, et plus d'un Français y recevra un nouveau baptême de fidélité.

C'est donc à Reims que le Prince, objet de tant d'amour, comblera les vœux de ses peuples; que le prélat, en lui présentant la couronne de Charlemagne, l'épée de l'Etat, le sceptre, l'anneau et la main de justice, adresse au Ciel l'admirable prière réservée pour cette cérémonie : « Dieu, qui par tes vertus conseilles tes » peuples, donne à celui-ci, ton serviteur, » l'esprit de ta sapience ! Qu'en ses jours » naisse à tous, équité et justice : Aux amis » secours, aux ennemis obstacle, aux affli- » gés consolation, aux élevés correction, » aux riches enseignement, aux indigens » pitié, aux pèlerins hospitalité, aux pau- » vres sujets paix et sûreté en la patrie ! » Qu'il apprenne (le Roi) à se commander » soi-même, à modérément gouverner un » chacun, selon son état, afin, ô Seigneur ! » qu'il puisse donner à tout le peuple » exemple de vie à toi agréable (1). »

---

(1) Du Tillet.

Cette prière sera suivie du serment du royaume, prêté sur le livre des Evangiles : dans les temps primitifs nos Rois le prononçoient en français, et dans les temps postérieurs en latin. Ils s'obligeoient par ce serment à trois choses : *à maintenir la paix de l'Eglise, à défendre toute rapine, à commander dans tous jugemens équité et miséricorde* (1). On introduisit dans le treizième siècle une clause tirée d'une constitution du concile de Latran, qui n'est plus en harmonie avec nos mœurs, ni d'accord avec les lois qui nous régissent. Nos derniers Rois prononçoient aussi des sermens relatifs aux ordres du Saint-Esprit et de Saint-Louis; et, depuis le règne de Louis XIV, ils s'engageoient à poursuivre les duels, sans jamais faire grâce aux duellistes.

---

(1) Du Tillet.

Comme souvenir des premières assemblées de la nation, on demandoit aux grands et au peuple témoins du couronnement du souverain, *s'il y avoit âme qui voulût contredire* (1). On lâchoit ensuite des oiseaux dans l'Eglise, toutes les portes ouvertes : image naïve de la liberté des Français. Notre constitution actuelle n'est que le texte rajeuni du code de nos vieilles franchises.

C'est cette constitution que les successeurs de Louis XVIII devront désormais jurer de maintenir dans la solennité de leur sacre (2), en ajoutant ce serment de la monarchie nouvelle au serment de l'ancienne monarchie. Ainsi Charles X, après

---

(1) Manuscrits de Duchesne.

(2) Charte, art. 74.

avoir reçu le complément de sa puissance des mains de la Religion, paroîtra plus auguste encore, en sortant, consacré par l'onction sainte, des fontaines où fut régénéré Clovis.

C'est une chose dont les conséquences sont immenses aujourd'hui pour notre patrie, et dans les circonstances actuelles, qu'un monarque mourant au milieu de ses sujets, et transmettant son héritage à son successeur. Le dernier événement de cette nature date de cinquante années, car on ne peut pas compter l'immolation de Louis XVI. L'holocauste du Roi martyr ne fut suivi ni d'une pompe funéraire, ni d'un sacre; un nouveau règne ne commença point au pied des autels; et il y eut en France quelque chose de ces ténèbres qui couvrirent Jérusalem à la mort du Juste.

Que Dieu accorde à Louis XVIII la couronne immortelle de saint Louis! que Dieu bénisse sur la tête de Charles X la couronne mortelle de saint Louis!

LE ROI EST MORT! VIVE LE ROI!

www.ingramcontent.com/pod-product-compliance
Lightning Source LLC
LaVergne TN
LVHW010010230826
846092LV00002B/740
* 9 7 8 2 0 1 9 6 9 4 3 8 8 *